NATIONAL GEOGRAPHIC

Peldaños

BIG BEND

Parque nacional

2   **Bienvenido a Big Bend** *Artículo de Estudios Sociales*
por Cynthia Clampitt

8   **Las aves de Big Bend** *Paseo geográfico*
por Cynthia Clampitt

16   **En busca de la Mina Perdida** *Leyenda*
por Elizabeth Massie, ilustraciones de Jan Lieffering

24   **Donde alguna vez vagaron los dinosaurios**
Artículo de opinión
por Dennis Fertig

32   **Comenta**

Ajústate la mochila, busca tus gafas de sol y comienza a explorar el parque nacional Big Bend. Este parque tiene muchos tipos de accidentes geográficos, incluidos montañas, cañones y desiertos. ¿Qué fuerzas le dieron forma a esta tierra accidentada? Durante cientos de millones de años, los océanos, los terremotos y los volcanes formaron y dejaron expuestas las rocas del parque. El viento y el agua labraron los picos, los cañones y los desiertos que hoy vemos aquí.

BIENVENIDO A

BIG BEND

por Cynthia Clampitt

Big Bend se encuentra en el desierto de Chihuahua, en el sudoeste de Texas. De hecho, Big Bend se llama así por la curva cerrada, o "gran vuelta", que tiene un río que se llama Río Grande en su recorrido entre los Estados Unidos y México. La mayoría de las personas cree que los desiertos son lugares calurosos donde pocas plantas y animales pueden vivir, pero eso no es verdad en Big Bend. Puede hacer calor, pero Big Bend protege varios **hábitats** desérticos únicos. Es uno de los mejores lugares en los Estados Unidos para ver la flora y la fauna del desierto. De hecho, esta tierra ha estado llena de seres vivos desde mucho antes que los dinosaurios vagaran por aquí.

< Las montañas de Big Bend son un desafío para los escaladores.

UN **PARQUE** NACIONAL PRECIADO

Los primeros habitantes de esta área fueron los nativo-americanos que vinieron hace 10,000 años, aproximadamente. Miles de años después, los españoles llegaron en busca de oro y otras riquezas. También llegaron mineros en busca de minerales. No encontraron oro, pero encontraron rocas que contenían los metales plata y mercurio.

Los verdaderos tesoros de Big Bend son sus bellos accidentes geográficos y su abundante flora y fauna. Para preservarlos, Texas reservó esta área como parque estatal de los Cañones de Texas en la década de 1930. En 1944, el parque se convirtió en parque nacional. Se le cambió el nombre a Big Bend. Para ayudar a proteger y preservar aún más este frágil **ecosistema**, Big Bend también es una reserva de la biósfera.

> Los lupinos de Big Bend florecen en las márgenes del Río Grande.

Una **biósfera** es la combinación de tierra, aire y agua que sustenta la vida. Una reserva es un lugar para su estudio. El desierto de Chihuahua es una biósfera con flora y fauna y accidentes geográficos especiales. Se nombró reserva de la biósfera a Big Bend en 1976.

La biósfera de Big Bend tiene más que solo criaturas vivas. ¡Algunas de sus criaturas más famosas han estado muertas por millones de años! Se han encontrado miles de **fósiles** aquí, incluidos fósiles de cocodrilos gigantes y pterosaurios, o reptiles voladores. En Big Bend, los investigadores han encontrado fósiles de más de 90 tipos de dinosaurios. Uno de los hallazgos fue una criatura enorme llamada alamosaurio.

LA CREACIÓN DE BIG BEND

1903
Cipriano Hernández construye una granja y una tienda cerca del Río Grande. El área se convierte en la ciudad de Castolon.

1944
Big Bend se convierte en parque nacional para preservar y proteger sus accidentes geográficos y flora y fauna únicos.

1964
Los astronautas de las misiones *Apollo* de la NASA visitan el parque. Estudian las rocas volcánicas en su preparación para ir a la Luna.

1971
Un estudiante universitario encuentra fósiles de pterosaurios, o reptiles voladores. Son de los más grandes jamás encontrados.

2011
Aproximadamente 360,000 personas visitan Big Bend para caminar, montar en bicicleta, pasear en canoa por el Río Grande y disfrutar de la flora y la fauna.

LA FLORA Y LA FAUNA DE BIG BEND

En la actualidad, Big Bend alberga todo tipo de seres vivos. Aquí viven colibríes que revolotean, correcaminos veloces, águilas que surcan los cielos y muchos más tipos de aves. El parque alberga más de 450 especies. Pero los insectos superan a las aves. En Big Bend pueden encontrarse más de 3,600 especies de insectos. ¡Es un paraíso de insectos! Todos estos animales se han adaptado, o cambiado, para vivir en el desierto de Chihuahua.

JABALÍ

El jabalí no es un cerdo, pero sin dudas se parece a uno. En Big Bend, los jabalíes por lo general viajan en manadas de aproximadamente 14 animales. Otros mamíferos del parque incluyen los leones de montaña, los osos negros, los linces y los coyotes.

¿Cómo puede este parque sustentar toda esta vida? Big Bend tiene montañas y tierras desérticas llanas. Las montañas de Big Bend son más frías que sus desiertos. Reciben el doble de lluvia que sus tierras desérticas. Esto produce muchos hábitats donde ciertas plantas y animales pueden vivir y crecer. Observemos unas cuantas criaturas de Big Bend.

TARÁNTULA

La tarántula es una araña grande. Algunas tarántulas de Big Bend crecen tanto como la palma de tu mano.

LAGARTIJA DE COLLAR

Esta lagartija de collar puede crecer hasta medir más de un pie de largo, y puede correr sobre sus patas traseras.

SALTAMONTES GORDO

El gordo es un saltamontes gigante. Puede crecer hasta medir tres pulgadas de largo. Los colores brillantes de este insecto advierten a los animales que no deben comérselo. Es venenoso.

Compruébalo ¿Qué hace que Big Bend sea diferente de otros parques nacionales?

Bienvenidos a Big Bend, ¡observadores de aves! Han llegado hasta aquí, por lo tanto, saben que este parque está en un área **remota** del oeste de Texas. Está tan lejos de las ciudades que es uno de los parques nacionales menos visitados del país. Con tan pocas personas, las aves se sienten seguras de volar por el parque. De hecho, Big Bend tiene más aves que cualquier otro parque nacional.

Visitemos tres hábitats, o lugares donde los animales y las plantas viven naturalmente. Primero, veremos las aves de la cuenca de Chisos, en las alturas de las montañas cerca del centro del parque. Luego caminaremos a través del desierto hasta las Chimeneas, donde las aves anidan cerca de las torres de roca. Terminaremos en las márgenes del Río Grande, donde el río ha labrado el profundo cañón Santa Elena.

Las aves no son las únicas criaturas que se agrupan en Big Bend. Los científicos también se agrupan aquí para aprender sobre la historia de la Tierra. Cientos de millones de años de volcanes, erosión y terremotos han empujado hacia arriba y desgastado la tierra del parque. Esto formó los cañones, los desiertos y las formaciones rocosas que albergan a las 450 especies de aves del parque. ¡Toma tus binoculares para poder observar las aves de Big Bend!

LAS AVES DE BIG B[

por Cynthia Clampitt

PASEO DE LAS AVES DE BIG BEND

Entrada del parque

Leyenda del mapa:
- - - Ruta del paseo
- Camino principal
- Camino de tierra
- Solo vehículos todo terreno
- Sendero para caminar
- Límite del parque

0   4   8 Millas
0   4   8 Kilómetros

Entrada del parque

1 Cuenca de Chisos

SENDERO DE LA MINA PERDIDA

2 *SENDERO DE LAS CHIMENEAS*

Las Chimeneas

3 Cañón Santa Elena

TEXAS (EE.UU.)

MÉXICO

Río Grande

El parque nacional Big Bend tiene bellos desiertos y montañas altas y rocosas.

1 Cuenca de Chisos: Aves de montaña

Nuestro primer destino es la cuenca de Chisos. Una **cuenca** es un área baja que un río drena, pero esta cuenca está en las alturas de las montañas Chisos. Es más baja que los picos que la rodean.

Caminemos por el corto sendero mirador que rodea la Ventana. La Ventana es un cañón alto en el borde de la cuenca. El agua fluye desde las montañas a través de la Ventana y hacia el desierto de Chihuahua. Luego desemboca en el Río Grande. Observa las aves a lo largo del sendero. Hay muchas ahí arriba, pero puede ser difícil ver a algunas.

Las montañas son más frías que el desierto que está abajo, por lo tanto, atraen a muchos tipos de aves que anidan en los árboles que crecen allí arriba. Es un buen hábitat para todos los tipos de aves, desde los colibríes diminutos hasta los grandes **rapaces**, que son aves de presa, como las águilas.

Si escuchas un ruidoso cotorreo, sabrás que un enojado arrendajo azul mexicano nos reprende por acercarnos demasiado. Si eres muy paciente y silencioso, podrás ver cómo un colorido colibrí lucifer bebe de una flor de una planta del desierto. No olvides mirar hacia arriba, ¡pues puedes ver un águila real!

Asegúrate de revisar las fotos de las aves a la derecha para ver si te perdiste alguna.

Los colibríes lucifer construyen su nido en pendientes rocosas empinadas, como las de las montañas Chisos.

Como puedes adivinar, la mayoría de los arrendajos mexicanos viven en México. Sin embargo, muchas de estas aves azules ruidosas también viven en el parque nacional Big Bend.

Las águilas reales pueden volar en picada a velocidades de más de 150 millas por hora para atrapar a su presa.

∧ Los correcaminos prefieren
corretear por el suelo del
desierto que volar sobre él.
Pueden correr a más de 18
millas por hora.

∧ La alondra común anida en las
plantas de cactus y obtiene
agua de los alimentos que
come. Se ha adaptado bien a
la vida en el desierto.

∧ El rascador pardo es un
artista del camuflaje. Sus
plumas marrones y rojizas se
confunden con el suelo del
desierto de modo que queda
oculto de sus predadores.

② Las Chimeneas: Aves del desierto

Luego, caminaremos a través del desierto hasta las Chimeneas. Observa con atención las aves del desierto a lo largo del camino. El sendero de las Chimeneas lleva derecho a esas torres de rocas altas que están a la distancia. Es llano y caluroso, sin sombra, así que ponte el sombrero y bloqueador solar, y vamos. ¡Mira! Hay un correcaminos correteando por el sendero delante de nosotros. Los correcaminos no vuelan muy bien, por eso por lo general cazan serpientes y lagartijas mientras corren.

En la caminata, busca a la alondra común. Construye su nido en plantas de cactus y obtiene toda su agua de los insectos y las arañas que come. Eso es bueno, ya que no encontrará muchas otras fuentes de agua aquí.

Escucha. ¿Oyes el alegre chirriar que suena como "chili, chili, chili"? Ese es un rascador pardo. Estas aves marrones son más fáciles de oír que de ver porque se confunden con su entorno.

A medida que nos acercamos a las Chimeneas, quizá te preguntes qué hacen aquí en el medio del desierto. Se formaron cuando los volcanes entraron en erupción aquí hace mucho tiempo. La roca fundida brotó a través de las grietas en la corteza terrestre, se endureció y formó secciones de piedra volcánica. Cuando la roca más blanda que las rodeaba se desgastó, la piedra volcánica permaneció firme en forma de torres o chimeneas.

③ El Río Grande: Aves de río

Nuestro destino final es el Río Grande, el río que forma parte de la frontera entre los Estados Unidos y México. Para observar bien a las aves de río, iremos en canoa al cañón Santa Elena. Tiene los acantilados más altos del parque, que se elevan hasta 1,500 pies de alto. Eso es tan alto como cinco canchas de fútbol americano apiladas de un extremo a otro.

Cuando pasemos por entre los árboles, busca agujeros en la corteza. Quizá veas los ojos de un pequeño búho enano que te observa. Estos búhos encuentran agujeros en los árboles y las plantas de cactus, donde hacen su nido. Vuelan de noche para cazar insectos y arañas cerca del río.

Ahora que estamos en el río, busca grandes garzas ceniza en el agua poco profunda. El Río Grande es un hábitat perfecto para estas aves altas. Se quedan muy quietas cuando buscan peces, ranas, lagartijas y pequeños mamíferos para comer.

Esos destellos rojos en la parte alta de los acantilados son mosqueros bermellones que cazan insectos cuando vuelan. Anidan en los árboles junto a las márgenes de los ríos y en la cima de las paredes de los cañones.

El sol se pone sobre Big Bend, y nuestro día de observación de aves terminó. Vimos muchas aves diferentes, pero hay cientos más para ver aquí. Vuelve cuando quieras, ¡y trae tus binoculares!

⌃ Solo los mosqueros bermellones macho son rojos. Las hembras son marrones. A los machos les gusta impresionar a las hembras trayéndoles mariposas coloridas para comer.

⌃ ¿Alguna vez has oído a un ave que suena como un perro? Conoce al búho enano, que suena como un caniche que ladra. Aunque no es habitual, sus llamados son un sonido común durante la noche en Big Bend.

⌃ La garza ceniza es un ave zancuda, por lo que tiene patas largas. Es el ave zancuda más grande de Norteamérica. Puede crecer hasta medir cuatro pies y medio de alto.

Compruébalo ¿Cómo están adaptadas las aves de Big Bend para vivir en diferentes hábitats?

En busca de la

MINA PERDIDA

por Elizabeth Massie ————— ilustraciones de Jan Lieffering

EL SENDERO DE LA MINA PERDIDA, UN FAMOSO SENDERO PARA CAMINAR QUE COMIENZA CERCA DEL CENTRO DEL PARQUE, SE ELEVA SOBRE LAS MONTAÑAS CHISOS DE BIG BEND. NO ES UN SENDERO LARGO, SOLO UNAS CINCO MILLAS HACIA ARRIBA Y ABAJO, PERO TIENE PARTES QUE SON EMPINADAS Y BASTANTE ACCIDENTADAS. EL SENDERO SE LLAMA ASÍ POR UNA LEGENDARIA MINA LLENA DE ORO. ¿REALMENTE HAY UNA MINA DE ORO PERDIDA EN CHISOS, O SOLO ES UNA LEYENDA? SI LA MINA REALMENTE EXISTE, ¿DÓNDE PUEDE ESTAR Y QUÉ PROBABILIDAD HAY DE QUE ALGUIEN LA ENCUENTRE ALGÚN DÍA?

Temprano una mañana de otoño, la familia Jordan se puso sus botas para caminar, llenó sus botellas de agua y comenzó su viaje. Mamá, papá y Raúl, de once años, y Ángela, de siete años, iban a estar en el parque nacional Big Bend, y esperaban ansiosos una larga caminata en las montañas. Raúl había leído sobre el "Sendero de la Mina Perdida" en el folleto del parque, y toda la familia quería explorarlo.

Mientras caminaban en las montañas Chisos, la familia se divirtió identificando todas las lagartijas, aves y plantas. Raúl señaló un árbol cerdoso y revisó su folleto de nuevo. —Este se llama Táscate. Su corteza es escamosa, como la piel de un caimán.

—¡Miren, un ciervo! —dijo Ángela. Un ciervo grande estaba pastando cerca. Cuando se dio cuenta de que lo habían visto, agitó su cola blanca y se fue saltando.

Raúl haló su gorra de béisbol para taparse la cara del sol caluroso y preguntó en voz alta: —Si se llama Sendero de la Mina Perdida, ¿creen que realmente hay una mina oculta aquí? Mejor ten cuidado, Ángela, o podrías caer adentro —dijo sonriendo de manera burlona.

Justo en ese momento, una excursionista venía por el sendero. Sostenía un bastón largo en una mano y una botella de agua en la otra. Sonrió y observó a Raúl. —Si escuché bien, quieres saber si realmente hay una mina por aquí—. Raúl asintió con la cabeza, curioso por escuchar qué sabía ella sobre la mina pero avergonzado de que la excursionista oyera lo que le dijo a su hermana.

—Si tienen unos minutos, puedo contarles todo sobre eso —dijo la mujer. Se sentó en una roca grande, tomó un trago de su botella de agua y comenzó su relato. —Es una vieja leyenda que se remonta a la época en que España gobernaba esta tierra. Hace casi 500 años, los exploradores españoles navegaron a Norteamérica con la esperanza de encontrar oro y otras riquezas. La leyenda cuenta que había mucho oro en estas montañas, y los españoles lo encontraron.

—Los españoles reclamaron esta tierra, construyeron un poderoso fuerte y una prisión cerca de aquí y la llamaron *Presidio de San Vicente*. Habían venido a esta región con armas poderosas, y usaron esas armas para capturar a muchos nativo-americanos que vivían en la tierra que rodeaba a Big Bend. Los españoles mantuvieron a los prisioneros encerrados en la prisión.

—Todos los días, los españoles obligaban a sus prisioneros a subir las montañas caminando y trabajar en la mina de oro. Cada vez que los prisioneros salían del fuerte a la mina, los guardias les vendaban los ojos porque los españoles no querían que sus prisioneros vieran adónde iban. De esa manera, nunca sabrían cómo llegar a la mina o decir su ubicación.

—Para empezar, la minería era un trabajo difícil, pero los españoles nunca iban a dejar que sus prisioneros se quitaran las vendas —continuó la mujer.

—¿Tenían que trabajar con los ojos vendados? ¿Cómo podían ver lo que hacían? —preguntó Ángela.

La excursionista asintió con la cabeza. —La mayor parte del tiempo no podían ver, así que hacían lo mejor que podían. Pero cada tanto, algunos prisioneros podían espiar por debajo de sus vendas. Comenzaban a descubrir la ubicación de la mina y a pensar en escaparse. Si sabían dónde estaba la mina, quizá podrían volver algún día y llevarse parte del oro. Pero sus crueles guardianes los vigilaban todo el tiempo. No podían escapar.

—Una noche, ningún prisionero ni guardián regresó al Presidio. Los españoles esperaron impacientemente, pero nadie llegó.

—Los españoles estaban furiosos. ¿Los prisioneros y los guardias se habían robado el oro? Decidieron perseguir a los prisioneros y los guardias y hacer que se arrepintieran.

—¿Qué pasó después? —preguntó Raúl ansiosamente.

La excursionista continuó: —Los enojados españoles tomaron sus armas y fueron a las montañas, pero se perdieron. Caminaron durante el largo y caluroso día y la fría noche, pero nunca encontraron la mina de oro, los guardias o los prisioneros. De hecho, estaban tan perdidos, que nunca encontraron el camino de regreso al Presidio.

—Pasaron los años, pero los españoles no regresaron de las montañas Chisos, y tampoco los prisioneros ni los guardias. Todo lo que se sabe es que todos desaparecieron, al igual que la mina de oro y sus riquezas. Hasta el día de hoy, nadie la ha encontrado, aunque muchos lo han intentado.

—¿Qué estamos esperando? ¡Encontremos esa mina y obtengamos parte de ese oro! —dijo Ángela, con visiones del símbolo del dólar bailando en su cabeza—. ¿Hay alguna pista sobre dónde puede estar?

—Bueno —dijo la mujer mientras se frotaba el mentón pensativamente—, los pobladores locales dicen que si uno se para en la ubicación del portón del viejo Presidio cierto día de primavera y mira hacia las montañas, los primeros rayos del sol brillarán sobre el portón oculto hacia la mina.

—¿No es maravilloso, Raúl? —cantó Ángela, y empujó con suavidad a su hermano en el pecho.

—¿Quién sabe si la mina existió alguna vez? —dijo la excursionista encogiéndose de hombros, luego se levantó para irse y agregó—: Estoy segura de que no es más que una leyenda—. Se despidió y siguió por el sendero, con su bastón en la mano. Unos segundos después, Raúl y Ángela guiaban a sus padres por el sendero nuevamente. Todos buscaban atentamente pistas de la mina de oro oculta mientras caminaban y soñaban con la fortuna que podía estar enterrada en algún lugar de las profundidades de las montañas.

—¡Miren! —exclamó Raúl unos minutos después, señalando una pequeña brecha en las rocas, bastante lejos del sendero—. ¡Eso parece un sendero oculto!

—Disculpa que te desilusione, hijo —dijo papá, observando más de cerca—, pero creo que ese es solo un lugar donde las rocas quizá se hayan desgastado.

De repente, Ángela se detuvo y recogió una roca brillante al costado del sendero. —¡Encontré oro! ¡Debe ser de la Mina Perdida!

Mamá sonrió mientras examinaba el descubrimiento de Ángela. —Cariño, esto es simplemente pirita. Los mineros la llaman "el oro de los tontos". Me temo que tendrás que seguir buscando.

Una tarde llena de falsas alarmas dejó desilusionados a Ángela y Raúl. Pero papá señaló que aunque ellos nunca encontraron la mina, oyeron un gran relato para compartir con sus amigos cuando volvieran a casa. Cuando los Jordan terminaron la caminata, el sol se estaba poniendo, y Raúl se dio vuelta para echar un último vistazo al sendero. Allí, en la luz cada vez más tenue de la tarde, vio algo que brillaba entre las altísimas rocas.

—Volveremos a Big Bend pronto —dijo con firmeza—, ¡ya que voy a encontrar esa Mina Perdida!

Compruébalo   ¿Qué parte de la leyenda de la Mina Perdida crees que puede ser verdad? ¿Por qué?

Donde alguna vagaron los DIN

Imagina una época en la que monstruos vagaban por la Tierra. Imagina cocodrilos gigantes con dientes enormes, o inmensos dinosaurios con cuellos más largos que cinco estudiantes de quinto grado parados uno sobre el otro. Si crees que Big Bend parece un lugar donde pueden haber vivido esas criaturas, tienes razón.

El registro fósil de Big Bend se remonta a hace 100 millones de años, antes de los dinosaurios. Incluye fósiles de plantas, peces, anfibios, reptiles, dinosaurios y los primeros mamíferos. Estos fósiles nos informan sobre la vida prehistórica y su **extinción**. Cuando un animal o planta se extingue, ya no está vivo en ningún lugar de la Tierra. Al estudiar los fósiles de Big Bend, podemos encontrar pistas de cómo era la vida allí hace mucho.

vez SAURIOS

por Dennis Fertig

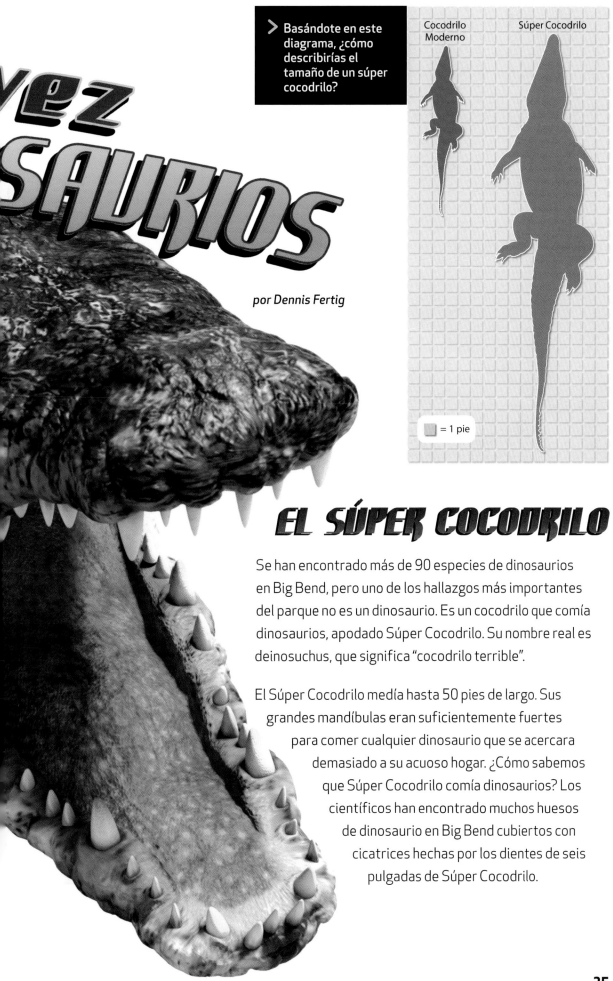

> Basándote en este diagrama, ¿cómo describirías el tamaño de un súper cocodrilo?

Cocodrilo Moderno

Súper Cocodrilo

☐ = 1 pie

EL SÚPER COCODRILO

Se han encontrado más de 90 especies de dinosaurios en Big Bend, pero uno de los hallazgos más importantes del parque no es un dinosaurio. Es un cocodrilo que comía dinosaurios, apodado Súper Cocodrilo. Su nombre real es deinosuchus, que significa "cocodrilo terrible".

El Súper Cocodrilo medía hasta 50 pies de largo. Sus grandes mandíbulas eran suficientemente fuertes para comer cualquier dinosaurio que se acercara demasiado a su acuoso hogar. ¿Cómo sabemos que Súper Cocodrilo comía dinosaurios? Los científicos han encontrado muchos huesos de dinosaurio en Big Bend cubiertos con cicatrices hechas por los dientes de seis pulgadas de Súper Cocodrilo.

LA TORTUGA VERSUS EL SÚPER COCODRILO

El trabajo del **paleontólogo** Steve Wick es buscar fósiles en Big Bend, y eso no es fácil. Allí, las temperaturas pueden alcanzar los 115 grados y no se permiten vehículos todo terreno. Steve pasa mucho tiempo caminando por el desierto caluroso en busca de criaturas del pasado.

Durante una calurosa caminata en 2004, Steve observó un área llena de dientes de tiburón y huesos de cocodrilo. Un vistazo más de cerca mostró docenas de trozos gruesos de caparazón que sobresalían de la ladera de una colina cercana. Steve **extrajo**, o quitó, con cuidado los trocitos de caparazón y los unió como un rompecabezas prehistórico. Formaron el caparazón superior de una tortuga antigua.

A la mañana siguiente, Steve regresó con otro paleontólogo. Extrajeron con mucho cuidado el caparazón inferior de la tortuga, de 140 libras, y lo llevaron varias millas a través del desierto hasta su camión.

Una vez que el caparazón llegó a salvo al laboratorio, Steve lo examinó y descubrió una enorme grieta que era una herida que se había curado antes de que la tortuga muriera. También encontró marcas de dientes. ¿Esta tortuga había escapado del ataque de un Súper Cocodrilo? Nunca lo sabremos. Sin embargo, la tortuga fue un gran descubrimiento: una especie poco común, recientemente descubierta, y un tesoro más de Big Bend.

La tortuga de Steve Wick no fue el único descubrimiento reciente en Big Bend. En 1999, un grupo de paleontólogos y estudiantes universitarios estaban ocupados extrayendo los huesos de unos dinosaurios jóvenes y pequeños en el parque. Mientras descansaban, la estudiante Dana Biasatti se alejó y se encontró observando más huesos de dinosaurio. ¡Los huesos eran enormes! Dana había encontrado los huesos del cuello de un alamosaurio adulto. Su descubrimiento fue el comienzo de un emocionante debate.

Sigue leyendo

El nombre alamosaurio proviene de Ojo Alamo, en Nuevo México. Allí es donde se encontraron los primeros fósiles de alamosaurio en 1922.

HUESOS GRANDES EN BIG BEND

El alamosaurio que Dana Biasatti había encontrado en la roca era un **saurópodo** que vivió hace unos 70 millones de años. Los saurópodos eran dinosaurios que solo comían plantas. Tenían cuello y cola larga y cabeza muy pequeña, y son los dinosaurios más grandes que se conocen.

Los enormes huesos del cuello del dinosaurio de Dana eran realmente pesados. ¡Algunos pesaban casi 1,000 libras! Esos huesos del cuello tan grandes probablemente provenían de un dinosaurio que pesaba 50 toneladas y medía 100 pies de largo.

Estos fósiles de alamosaurio fueron un descubrimiento importante, pero presentaban un problema difícil. ¿Qué debía hacerse con ellos? Los paleontólogos estaban entusiasmados por estudiarlos y querían llevarlos a un laboratorio. Los museos esperaban exhibirlos. Pero había otras personas que querían que los huesos permanecieran justo donde estaban. Decían que los fósiles eran parte de Big Bend y que no debían retirarse.

El parque decidió llevar los fósiles a un museo, lo que condujo a otro problema. Se permitía el acceso al parque a pocos vehículos. ¿Cómo podrían sacar algo del tamaño de estos enormes fósiles de alamosaurio de Big Bend? ¿La respuesta? Helicópteros.

En 2001, los huesos de alamosaurio se sacaron de Big Bend por aire y se llevaron al Museo de Historia Natural de Dallas, donde se los limpió y se los estudió. Finalmente, inspiraron una exhibición en un nuevo museo de Dallas llamado Museo Perot de Naturaleza y Ciencia.

> Los paleontólogos tuvieron que extraer y preparar los fósiles con cuidado para su viaje.

UN DEBATE SOBRE BIG BEND

Los huesos de alamosaurio originaron un debate sobre qué hacer con los fósiles importantes que se encuentran en los parques nacionales. ¿Deben dejarse donde se encontraron o deben llevarse a museos y universidades para su estudio?

Dejarlos donde están. Muchos creen que nada, ni siquiera fósiles especiales, deben sacarse de los parques nacionales. Argumentan que los parques nacionales existen para proteger recursos naturales preciados, incluidos los fósiles y se puede permitir a los científicos que estudien los fósiles justo donde se encuentran.

Algunos hombres de negocio locales sugirieron que los huesos podían convertirse en atracciones turísticas si se dejaban en el parque. Los huesos podrían atraer a muchos visitantes y su dinero a la región que rodea al parque. Querían ver una asombrosa exhibición construida alrededor del sitio de los fósiles.

Sacarlos. Los paleontólogos estaban de acuerdo con que los fósiles debían retirarse de un parque nacional solo en ocasiones poco comunes, pero argumentaron que el alamosaurio y los fósiles similares son hallazgos muy importantes. Les preocupaba que mantener esos fósiles en su lugar podía permitir que la erosión los destruyera con el tiempo.

No querían construir una exhibición alrededor de los huesos. Argumentaban que atraería visitantes a áreas protegidas del parque. Algunos incluso podían intentar dañar o destruir los huesos.

> Los científicos usan los fósiles que encuentran para construir modelos de esqueletos de dinosaurios. Estos modelos los ayudan a aprender más sobre los dinosaurios como los alamosaurios.

Llegar a una solución. Todos sabían que los huesos eran importantes y querían protegerlos de la mejor manera posible. Los que querían conservar los huesos en Big Bend sentían que los fósiles podían estudiarse con seguridad justo donde se encontraban. Los que querían llevarse los huesos creían que el mejor plan era que los científicos los estudiaran y los preservaran en museos o universidades.

La solución era un compromiso entre ambos puntos de vista. El alamosaurio fue a un museo en Dallas. Sin embargo, los directivos del parque están desarrollando un Sendero de Descubrimiento de Fósiles con un grupo caritativo llamado Amigos de Big Bend. El sendero resaltará los hallazgos de fósiles que permanecen en el parque. También apoyará a la economía turística local. Aún así, los hallazgos más asombrosos permanecerán fuera del lugar, donde los científicos los estudiarán.

Compruébalo ¿Crees que debe permitirse a los científicos que se lleven los huesos de dinosaurio del parque? Explícalo.

Comenta

1. ¿Qué conexiones puedes establecer entre los cuatro artículos de este libro? ¿Cómo crees que se relacionan los artículos?

2. ¿Por qué el ecosistema de Big Bend se nombró reserva de la biósfera? ¿De qué manera ayuda eso a proteger y preservar los diferentes hábitats dentro del parque?

3. ¿Qué puede enseñarte la observación de aves sobre los diferentes hábitats del parque nacional Big Bend?

4. ¿Cómo resumirías el debate sobre llevarse los huesos de dinosaurio de Big Bend? ¿Fue una buena solución? Explica tu respuesta.

5. ¿Qué más quieres saber sobre el parque nacional Big Bend? ¿Cómo puedes aprender más?